"书香建阳"系列文化丛书

朱子畫傳

中共南平市建阳区委宣传部
南平市建阳区旅游发展有限公司 策划

李铮 绘图

王宏甲 撰文

海峡出版发行集团｜海峡书局
THE STRAITS PUBLISHING & DISTRIBUTING GROUP

**图书在版编目（CIP）数据**

朱子画传 / 李铮绘图；王宏甲撰文 . — 福州：海峡书局，2023.11

ISBN 978-7-5567-1153-6

Ⅰ . ①朱… Ⅱ . ①李… ②王… Ⅲ . ①朱熹（1130-1200）—传记—画册 Ⅳ . ① B244.75-64

中国国家版本馆 CIP 数据核字（2023）第 173333 号

责任编辑　廖　伟
特约编辑　任　捷
书名题字　徐　里
装帧设计　大　玲

# 朱子画传
ZHUZI　HUAZHUAN

| | | |
|---|---|---|
| 著　　者 | 李铮　绘图　王宏甲　撰文 | |
| 出版发行 | 海峡书局 | |
| 地　　址 | 福州市台江区白马中路 15 号 | |
| 印　　刷 | 福州德安彩色印刷有限公司 | |
| 地　　址 | 福州市金山浦上工业区 B 区 42 幢 | |
| 开　　本 | 889 毫米 ×1194 毫米　1/12 | |
| 印　　张 | 10.5 | |
| 字　　数 | 100 千字 | 图　112 幅 |
| 版　　次 | 2023 年 11 月第 1 版 | |
| 印　　次 | 2023 年 11 月第 1 次印刷 | |
| 书　　号 | ISBN 978-7-5567-1153-6 | |
| 定　　价 | 149.00 元 | |

## 出版说明

  建阳，闽北区位中心，物华天宝，山明水秀，是福建最早设置的五个千年古县之一。自古文化昌盛、文风鼎盛，享有"图书之府、理学名邦"的美誉，厚重的历史文脉延续至今。千年的嬗递流转沧海桑田，千年的优秀历史文化资源，千年的宝贵精神文明财富——成长于其间的优秀人物、发生于其间的动人事件以及这片土地上以朱子为代表的优秀传统文化尤其丰厚。

  习近平总书记指出："一项没有文化支撑的事业难以持续长久。"为进一步贯彻落实习近平总书记关于优秀传统文化传承发展的系列重要讲话重要指示精神，全力推进环武夷山国家公园保护发展带建设，全面打响"书香建阳"文化品牌，我区计划通过整合建阳县志、镇志、乡志，结合民间采访、田野调查，组织专家学者构建一套文化丛书——"书香建阳"系列文化丛书。

　　该丛书根植传统、立足本土，以传统文化为主要内容，介绍了建阳的先贤，朱子、宋慈、九儒、七贤等；建阳的山水福地，芹溪、砚山、焦源、云谷等；建阳的本土文化，书坊麻沙建本文化、水吉建盏文化、崇雒宋慈文化、莒口书院文化等。丛书涵盖建阳的人文、书院、禅道、信俗、家谱、传说、景观、物产等元素，既有自然之美、物产之丰，还有人文之秀，相信通过这套丛书，可以让更多的建阳人民知我家乡、爱我家乡，增强文化自信，同时还能为环武夷山国家公园保护发展带建设提供有力的文化支撑，将在新的起点上为推动文化繁荣，建设中华民族现代文明贡献建阳力量。

"书香建阳"系列文化丛书编委会

2023 年 9 月

# 序

王宏甲

伟大的灵魂没有不被误解的。朱熹的学说是又一例。朱熹晚年，其学说被朝廷定为"伪学"，算不算被误解的开端？那是宋宁宗庆元二年（1196）朱熹遭监察御史沈继祖弹劾，朝中权贵对理学掀起了一场史所罕见的抨击、迫害，史称"庆元党禁"。被禁的不止是朱子学说，科考中涉及《论语》《孟子》言论的一律不予录取，这就波及天下所有读书人了。

宋末建阳人熊禾撰《考亭书院记》说："周东迁而夫子出，宋南渡而文公生。"开篇就讲出了朱熹与孔子的关系。朱熹青年时对儒释道都有研读。儒释道都深具智慧。其时北宋亡，南宋岌岌可危。佛教、道教盛行，孔子学说式微。若国人意识多在"与世无争"和"无为而治"里，靠什么来救国家？朱熹选择了弘扬孔子学说，最大的证据就是他的《四书章句集注》。

孔子编纂的五经包含着在他之前一千五百多年的中国文化，十分渊博。如何能使深邃的思想为大众汲取？朱熹选四书加注。《大学》阐述的是孔子教育学的纲领，《中庸》是孔子哲学的核心，《论语》可具体地看到子曰，加上《孟子》，这就构成了孔子及其弟子学说的思想体系。四书加起来，原文五万三千七百余字。在朱熹看来，要汲取孔子与中国文化的思想精髓，选四书作为学子必读，这是少得不能再少了。

朱熹是这么想的吗？朱熹祖籍江西婺源，生于福建尤溪，童年曾随母寓居浦城，父亲在建瓯去世后，少年朱熹随母移居五夫，青年时在建阳结婚成家生子，夫人与长子去世后皆安葬在建阳。究竟何处是朱熹故乡？我以为朱熹真正的故乡是他心中的中华文化。

他为什么对建阳情有独钟？中国印刷术起于唐而盛于宋，宋代是把前此千秋竹简上的中华文化刻印到书本的重要时期，建阳是当时全国三大出版中心之一，朱熹与弟子注释的古代文献就在建阳刻印出版，成为教本。

注释，就是往通俗化、大众化前进！这是继孔子将散失的上古文化找回来并通过教育传下去之后，又一次意义甚伟的文化运动，它使文化的广泛传播和更多人受教育成为可能。

办书院兴教育这件事与朱子作《四书章句集注》同等重要。1169 年，朱熹母亲去世，葬于建阳马伏天湖之阳，朱熹为母守孝，于墓旁建数间草房，取名"寒泉精舍"，这是他创办的第一所书院。"寒泉"一词出自《诗经》，代表母爱。朱熹在此守孝达六年，又往建阳云谷山办第二所书院"晦庵草堂"。从 1169 年到 1178 年，朱熹在建阳十年，完成了《近思录》等著作近二十部二百多卷，这是他学术思想形成的时期，并培养了一批弟子。其中建阳蔡元定一门四代出了九位贤儒。"五经三注，四世九贤"讲的就是蔡氏子弟在五经中注释了三部经典（《易》《书》《春秋》）。四书五经，九部经典有七部在建阳刻印成书，成为直至近代中国每个学子的必修书。不管怎么看，这是了不起的。

因朱子倡学，建阳曾"书院林立，讲帷相望"，四方学子负笈来学。两宋进士以福建为最，福建进士以大武夷文化圈为最，仅建阳、建瓯、浦城三地宋代进士多达 1294 人。这促进了建本刻书业的繁荣，书商贩者往来如织，建本因数量最多、成就最高、影响最大，而使建阳享有天下"图书之府"的盛名。

朱熹去世四十多年后，宋理宗皇帝为朱熹平反，把朱熹晚年回建阳办的"沧洲精舍"诏赐为"考亭书院"。朱熹一生办书院多所，理宗为何特别嘉奖建阳这一所，又为何诏赐为"考亭书院"？少时我以为这"考"与科考有关罢。后来才发现这赐名殊不简单。甲骨文与金文里，考字的象形皆如老人扶杖而行。《尔雅》解释"父为考"，《礼记》说"生曰父，死曰考"。"考妣"即父母去世后的称谓。朝廷焉能不知"考"字的深邃含义，能轻易用之？理宗皇帝把朱熹办的最后一所书院诏赐为"考亭书院"，俨然尊之以国家之父的最高荣誉来纪念朱熹。

近代中国被西方列强的炮火打进血泊，中国文化备受误解。对朱熹的批判几乎言必称他"存天理，灭人欲"之说是如何禁锢了人的思想，扼杀创造力，导致中国落后。遥想宋南渡后，朝臣偏安一隅，醉生梦死，贪腐盛行。朱熹学说为何遭朝臣攻剿，斥为"伪学"？因朱熹不与同流合污，还主张要灭那害天下的私欲！再看今日抨击朱熹的言论，多以西方价值观为标尺来衡量朱熹，渗透着西化倾向。

朱熹去世葬于建阳。人们在朱熹墓前塑两支大石烛，迄今耸立于斯，昭示着烛照千秋的形象。建阳这地方在武夷山南。公元前111年，当敦煌成为大汉王朝西北最边远的一个郡时，建阳成为汉帝国东南边陲最远的一个城堡。2010年建阳举办了纪念朱熹诞辰880周年庆典。朱熹是伟大的思想家、哲学家、教育家。很久以来，朱熹被称为"闽学代表人物"，或称之"理学集大成者"，或称其学说为"考亭学派"。我以为这对朱熹的认识和评价都是不够的。

中国《四库全书》经史子集，经居领导地位。四书是经中之经。在中国文化的传承中，孔子开启了"五经时代"，朱熹开启了"四书时代"。四书时代不是只读四书，更因译注、印书、办书院，将流传下来的中华文化承继再造，发扬光大。北孔南朱所做的伟大文化工程，使中国博大精深的优秀文化源远流长。

建阳是我的家乡。我曾想写一部朱熹传，因诸事未能完成。这部《朱子画传》是因有李铮先生的画作才有的。

李铮生于1936年的建阳城关，1955年毕业于建阳师范，曾任小学和中学教师。20世纪60年代因防治丝虫病需要有一定文化的青年干部，李铮调入光泽县防疫站工作，成为骨干防治队员，受过表彰。70年代，他调入建阳地区健康教育促进所主持工作，直到1997年退休。

李铮自幼爱好绘画，少年时常到乡间写生。他没有经过专业科班学习，贵在善于向众家学习，贵在独立悉心体会和钻研，贵在持之以恒。还有一个重要因素——现实生活对他的教育。他在防治丝虫病的三年里，常奔走于乡村，挨家挨户送药，采血到深夜，走夜间山路返回驻地。后来下放到光泽县一个名叫新甸的村子，干过育苗、插秧、收割等农活，参加了改造低产田的农田基本建设。这期间他的画作展现了人们的奋斗，作品有生命气息，有精神，逐渐形成他的画风。

他一生酷爱绘画，常为公益事业无偿作画。退休后将更多精力投入创作，作品《新居门前照张相》《老农心里话》《胜利的预言》曾获全国老年书画展金奖、兰花奖、三等奖。九米八长卷《大宋书坊图》曾在央视十套栏目播出，被建阳区博物馆收藏。二十七米长卷《建阳历代名人图卷》在福建电视台播出。《群星璀璨耀潭阳》一组三十二幅画在建阳专题展出，南平电视台曾作画家专访。他退休后创作的多幅作品被政府制作成大型浮雕或雕塑，耸立在建阳城乡，如《麻沙建本遗香图》《南闽阙里溯源》雕塑等。

李铮先生画过许多表现朱熹的作品，渐有用绘画表现朱熹一生的愿望。他为此收集阅读了许多有关朱熹的书籍，书中有朱熹年谱，他选其重要经历依次用绘画去表达，更多地再现了朱熹在各地任地方官时勤政为民的事迹，使这部表现思想家、教育家的作品有其独特的价值。我去他的画室，从进门所见的走廊到房间以及卫生间都被他的画稿堆满，只有他作画的台桌留下一方能铺开纸的空间。我看一眼就深为感动。

李铮先生今已87岁，依然绘画不止。他毕生忠诚于绘画艺术，倾力弘扬家乡文化，这部作品集中体现了他绘画艺术的造诣。他邀请我为这部连环画撰文，我知其恳切，也知自己应尽一份力。这本画作点点滴滴都凝聚着李铮先生全力以赴的姿态，不仅于绘画，还将想表达的内容以几字或几十近百字写在画作上，大家可以看到。我以为画传以画为主，所以尽可能用简略的文字去为图补文，对绘画未能充分表达的以文字做些增补工作，而文字也有局限，虽力求准确仍不免存在谬误，诚盼方家赐正。此序，一是对朱子学说有个简约描述，述其正义，二是介绍画家李铮。

2023 年 1 月 7 日　北京

1. 朱熹生于福建尤溪县城水南郑义斋馆舍，时在宋朝建炎四年九月十五（1130年10月18日）。父朱松，母祝五娘。据传他出生时右眼角外有七颗小痣形似北斗。父为之取名熹，寓光明之意。满月那天，朱松举行"满月礼"，桌上摆满瓜果、糕点，婴儿睁眼张望，随后把手伸向朱松手里的书本，引起宾客称赞："这孩子才满月就知道要读书。"

2．朱熹四岁时，朱松曾指天告诉他："这是天。"朱熹问："天上有什么？"父亲暗自一惊，感到可以教他识字了。

3. 朱熹七岁与同学玩耍，用树枝在地上画出八卦。同学问："这是什么？"朱熹说："这是八卦图。"

　　4. 1137年，朱松应召入都，次年把妻子祝氏和朱熹接到京都。
据说朱熹在京城遇见尹焞，尹焞是著名理学家程颐弟子，九岁的
朱熹见尹焞所著《论语解》，抄录一份诵读。

5. 1140 年，金兵分道南侵，朱松手书苏东坡《昆阳赋》勉励十一岁的朱熹，告诉他决定战争胜败的因素不在兵力多寡，而是人心。

6. 1143 年春，朱松病逝于建瓯，年仅四十七岁。朱松临终前给挚友刘子羽写信托家小，嘱咐朱熹师事刘子翚、胡宪、刘勉之，拜刘子羽为义父。这年朱熹十三岁。

7. 刘子羽在崇安五夫屏山下为朱熹母子盖了五间平房，并置若干田地和一口鱼塘，以安生计。其时刘子翚、刘勉之、胡宪都在五夫，三先生悉心教导朱熹。

8. 刘子翚在五夫屏山下建有屏山书院，朱熹在此两年间读了不少儒家经典。

9. 1147 年秋，朱熹参加建州乡试，主考官蔡兹阅卷见朱熹所写三策皆论国家大事，赞其日后必非常之人。

10．1148 年，刘勉之以长女刘清四嫁与朱熹为妻，在建阳结婚成家。

京都殿试 喜中进士

11．就在 1148 年，朱熹以建阳籍贡生在临安参加殿试，高中进士。

12. 1149 年，朱熹往徽州婺源（今江西省婺源县）祭祖。

13. 同年，朱熹在婺源拜会了先父的好友俞靖、董颖。

14. 1151 年，朱熹官授福建同安县主簿，赴任前曾去砚山拜访表兄邱羲，作《邱子野表兄郊园五咏》和《芹溪九曲诗》。

15. 1153 年，朱熹去延平拜见父亲的好友李侗。李侗与朱熹
长谈，引导他于实用处做功夫。朱熹在同安任上以"敦礼义、厚风俗、
劾吏奸、恤民隐"的治县之法管理县事，勤敏职守。

16. 同安海岸线一百七十多里，台风常袭县城，造成树木折断，房屋倒塌。朱熹访乡老，勘地理，查风源，得知在同安与南安接壤地有个风口，务必治理。

17. 朱熹妻刘清四建议在岭上建石坊挡风口，岭下植橡树御风沙。朱熹选壮民石匠三百余人劳作数月，一座高二丈宽五尺的石坊落成，并种橡树，治住了风沙。

18．同安县城距海只有二三里，海堤破损，常有海水倒灌，造成灾难。朱熹拟定修堤方案，县令陈元滂发布告招募民工，朱熹任指挥，修成坚固海堤，百姓称之"文公堤"。

19. 朱熹兼治县学，将学殿讲舍修葺一新，聘名士任教。同安是北宋名相、天文学家苏颂的故乡，朱熹建造苏公祠，以苏颂为楷模，教育同安子弟。

20．朱熹还筹建经史阁，备学子所用。他收集整理原有书籍，
向民间募书，还向福建经略安抚史求援，得官书985卷。

21. 朱熹常亲自到县学授课，多为修己育人之道。提倡教师
要善于诱导，学生要勤学善问，师生可交锋辩论、深入探讨。

22. 1156 年，朱熹乘船跨海登上绥德乡金门岛。民众得知修石坊筑海堤的朱熹登岛，热情相迎。登上太武山巅，遥望对岸同安、厦门，朱熹写下《游金门》。

23. 1157 年，朱熹任满离同安，士民送"万民表"，并送朱熹到边境小盈岭。此后同安士民还在学宫为朱熹立祠。

徒步百里　拜师李侗

庚子仲春李桦画于麻阳溪畔一夫斋

24. 绍兴二十八年（1158）正月，朱熹到南剑州拜李侗为师。
李侗是程颐的二传弟子。朱熹向先生求教《春秋》《论语》中的
疑难问题，李侗悉心解答。

白天问道，夜间静坐思索，体悟一以贯之，体一所用殊。庚子仲春李锦绘画并记。

25. 李侗教朱熹于静默中体验《忠恕一贯》。这是在体验孔子讲的一以贯之的忠恕之道。朱熹与先生论道的场景题写在西林院壁上：触目风光不易裁，此间何似舞雩台。

26. 绍兴三十一年（1161）朱熹再次求教李侗，听先生讲"仁"。

朱熹说："圣人法门平易，吾儒万理俱实。"李侗说："你已登儒学殿堂了。"

27. 又一年, 朱熹应诏写《壬午应诏封事》, 函请老师李侗审阅。

28. 隆兴元年（1163）十月，朱熹应诏入朝向宋孝宗面奏三札：
一、《论正心诚意，提倡讲学以理》；二、《论备战抗金，反对
软弱议和》；三、《论内修政事，反对宠信佞臣》。朝臣震惊。
皇帝不语。

哭祭恩师
吴佩
林映门
萬何高
李锋笔

29. 隆兴元年（1163）冬，朝廷任命朱熹为国子监武学博士。
此时闻恩师李侗去世噩耗，朱熹辞职回闽，护送恩师灵柩到延平
崇仁里选址造墓。朱熹写挽诗三首悼恩师。

30．恩师李侗去世后，朱熹潜心读书思索，一日给友人许顺之回信说自己得一首绝句："半亩方塘一鉴开，天光云影共徘徊。问渠那得清如许？为有源头活水来。"时乾道二年（1166）。

朱熹张栻会讲岳麓书院
湘湘闽学相得益彰

31. 乾道二年（1167），著名的"朱张岳麓会讲"在岳麓书院举行。朱熹、张栻对坐讲席，学子也加入探讨。会讲开启了湖湘学派与闽学的交流，后人在湘江岸建"朱张渡"纪念。

32. 南宋词人张孝祥设宴"敬简堂"，请来朱熹和张栻。

33．张孝祥、朱熹、张栻等人，雅会后同登岳麓山和衡山，
彼此赋诗唱和。

34．乾道三年（1167），崇安突发洪水，受灾严重。建宁知府徐嘉深请朱熹出山赈灾。

35．乾道四年（1168），崇安再遇大旱。灾后，朱熹有感于乡村救助机制薄弱，起草了《五夫社仓法》。

36．朱熹向上申请将常平仓粮食留在五夫，获准，由此设立了崇安县五夫社仓。

37. 乾道五年（1169），朱熹母亲去世，葬在建阳马伏。朱熹在墓侧建草房取名"寒泉精舍"，这是他办的第一所书院，朱熹在此著述讲学六年。

38. 朱熹随后在建阳云谷创办了第二所书院"云谷草堂"，

在此讲学著述。

论道晦庵草堂
师生问辩斟酌

二〇年庚寅望夏
志翔写
[印章]

39. 这期间，蔡元定在西山建西山精舍，与朱熹云谷精舍相望。彼此以灯传递信号相约次日会面研讨，两人隔山望灯砥砺，悬灯相望传为佳话。

寒泉精舍会讲期间的著作。
蔡元定、林用中、祝穆、范念德、刘爚、黄榦等他们随朱子学派的骨干。

40. 朱熹在寒泉精舍和云谷草堂著述讲学期间，蔡元定、林用中、祝穆、范念德、刘爚、黄榦等常随左右。

41. 从为母守制筑庐讲学起，朱熹在建阳十年编撰的著述有《太极图说解》《论孟精义》《资治通鉴纲目》《八朝名臣言行录》《近思录》等。

42. 朱熹在建阳讲学期间，四方学子相继来学。

43. 淳熙二年（1175），吕祖谦来建阳寒泉精舍会朱熹，读周敦颐、张载、程颢、程颐等人著作，感其"广大闳博，若无津涯"，初学者不易把握，二人合作辑成《近思录》。

44. 淳熙二年（1175）盛夏，在吕祖谦建议下，朱熹和陆九渊、陆九龄在江西铅山鹅湖寺举行学术辩论，有江西、福建、浙江学者百余人参加，此盛会在中国哲学史上称"鹅湖之会"。

45. 淳熙六年（1179），朱熹出任知南康军（今江西省九江市庐山市）时，梳理南康历代名宦、名士遗迹、文物，弘扬士人典范，又延请有学识、能管理的人才主持军学和县学。

46．朱熹巡视农田时邂逅一座破庙，见隐约露出卧龙庵三字。朱熹捐俸钱重修，在卧龙庵堂绘制诸葛亮像，书"洪毅忠壮，忘身忧国，鞠躬尽力，死而后已"十六字。

47．淳熙七年（1180）夏，南康军发生大旱灾，朱熹上奏朝廷减免星子县税钱，减免秋苗米37450石，并劝导富户救济佃客，设置35处米场赈粮施粥。

48. 九月，再奏南康军灾情，申请修筑鄱阳湖石堤得钱200
万，缗米1000斛。灾民以工代赈，将旧堤增高3尺，开浚淤塞，
凿池引泉，地方得以安定。

49. 淳熙六年（1179），朱熹任南康郡守时重建了著名的白鹿洞书院，历时一年建成，屹立在庐山五老峰下。天下学子负笈来学。朱熹请贤达刘清之，弟子林用中、黄榦、王阮为教师，还请陆九渊来讲课。

朱熹立摩幸地
譙樓開市秋村
縱馬伤人彼善火
知錄徇私枉法如
錄百姓相午
称懷。

50. 朱熹在街上见一官家子弟纵马踢伤小孩扬长而去，当即令衙役将恶少抓回严惩并赔偿小孩医伤费用。次日得知恶少并未受罚，原因是知录徇私枉法。于是将知录与恶少一并押到大街分别杖打四十，百姓围观称快。

朱熹还查处了一批
里恶霸，世家
豪强越衙害人案
及都昌县令袒护
豪右刘邦达案。

51. 朱熹还处理了一批世家豪强和宗室仗势欺人乃至杀人之案，以及都昌县令袒护豪右刘邦达案。自此辖区内官吏不敢徇私枉法，直至朱熹在南康郡守任满离职。

52. 淳熙八年（1181）八月，宰相王淮推荐朱熹赴浙东赈灾。
受命之前，朱熹向孝宗奏陈七札，内容包括亲君子远小人，选贤
任能，施行社仓法等，孝宗一一准奏。

53．淳熙八年（1181）冬，朱熹赴浙东救灾，巡查各县，稻田干枯，饥民流离失所。朱熹一面督促官府开仓放粮，一面严令米商富户不得抬高米价，违者严惩。救荒事宜迅速推行。

54. 朱熹微服暗察绍兴街，见饥民激愤，查知是绍兴府都监贾佑之仗势欺人，不如实抄报饥民人口，多有遗漏。朱熹经核实将贾佑之停职参省，并督促绍兴府另派官员管理赈务。

55. 淳熙九年（1182）正月，朱熹带府县官员巡查绍兴粥场，发现稀粥下面有泥沙，查实是绍兴府指挥使密克勤在赈灾粮食中拌入糠泥，盗取粮食4160石。朱熹下令将密克勤拘捕法办。

56. 在金华县孝顺乡，朱熹曾上门劝富户朱熙绩设粥场粜济，他不发一米。朱熹下令抄朱府，又惩治了几个无视饥民疾苦的贪官污吏，赈济得以施行。

57．朱熹再次出巡浙东，在上虞县一天遇七百余人拦道投状，告县吏催税赋横暴贪婪，宁海知县王辟纲侵占赈粮，江山知县王执中坐视灾情不救，凡此都被朱熹弹劾查办。

58. 朱熹行視衢州、江山兩縣，只見百姓贏瘦萎黃，因災而死者不計其數。

59. 朱熹从绍兴往台州途中，遇见一批一批的灾民，皆反映州府不赈恤民，反而催督赋税。

60. 七月，朱熹发现台州知州唐仲友违法催税，造成饥民背井离乡，面对严重灾情无丝毫赈灾举措，并有贪污劣迹。朱熹连续弹劾唐仲友三状，都被宰相王淮扣下不报。

61．八月八日，朱熹上弹劾唐仲友第四状，直指朝中大臣包庇，宰相王淮不得已，压下三状只拣第一状的唐仲友自辩状送呈孝宗。朱熹再上弹劾唐仲友第五状、第六状。

62. 朱熹六劾唐仲友，在第五状中指出朝廷有人"阴为主张，捂语消息，上下串通"，宰相王淮感到危机，只好罢免唐仲友，表彰朱熹。

63. 朱熹在八月十八日离任前，发现永嘉（今温州）有一秦桧祠，即命人移之毁之，撰文怒斥秦桧"归自虏廷，久专国柄。内忍事仇之耻，外张震主之威"，行文酣畅淋漓。

《四書集注》理學初成

庚子暮春 李衝畫

64. 朱熹注释《大学》《中庸》《论语》《孟子》四书，是一个经过长期思考并为此操劳的过程，约在淳熙九年（1182）他52岁时决定将此四书合刊。

65. 淳熙十年（1183），朱熹辞官在武夷山五曲修建武夷精舍，作诗十二首。杨万里、黄铢、袁枢、蔡沉写下和诗，陆游、陈俊卿也寄诗来。

66. 四方学人云集武夷精舍，朱熹和众宾客会聚论道。

67. 这期间，朱熹曾与永康学派的创始人陈亮相见，有义利、王霸之辩论。

68. 朱熹对子女教育严格，撰写家训，并把三个儿子、女婿
唤到跟前，教育他们要诚意正心，修身齐家，嘱咐黄榦将《朱子家训》
悬挂于厅堂，以示警戒。

69．淳熙十一年（1184）仲春，朱熹作武夷棹歌十首，呈同
游的友人与学子。

70．淳熙十五年（1188），朱熹与杨万里在江西玉山邂逅，
两人初次见面长谈。

71. 淳熙十五年（1188），朱熹应召奏上一道万言书，直接批评宋孝宗继位以来的统治危机重重，人心败坏，是因为孝宗皇帝"心不正"，指出要挽回颓势需要"正心"，主张选任大臣、振举纲纪、变化风俗、爱养民力、修明军政。

72. 淳熙十五年（1188）是戊申年，朱熹上万言书称《戊申封事》。孝宗皇帝当天秉烛夜读，从头至尾耐心读完，没有因朱熹的"诛心之论"而大发雷霆，反而在第二天提拔朱熹，可见他的非凡度量和修养。

请来弟子陈淳
了解漳州政情
民情 庚午暮冬
怀恒绘

73. 淳熙十六年（1189），朱熹任知漳州，把学生陈淳叫来，仔细了解漳州政风民情和当地亟待解决的问题。

74. 朱熹上任后下的第一道公文为《州县官牒》，要求各级
官员在议事厅集中办公，解决疑难问题。

75. 朱熹花了一个月时间，察访到本州税籍不正，赋役不均及土豪占田隐税等弊端，上《经界申请诸司状》六条，指出经界利弊端，朝廷批准漳州先行经界事。

雷厲風行
推行經界

76. 朱熹发布《劝农文》，宣传推行经界的好处，请来弟子十余人，协同官员下乡勘界，重新丈量土地，查出隐匿田产，减轻农民负担，限制豪右占田隐税，增加国家收入。

77. 朱熹发布《漳州延郡士人学牒》，延请黄樵、施元寿、陈淳等八人入州学任教。漳州州学为龙溪、龙岩、漳浦、长泰四县学风大振。

78. 朱熹每旬逢二日下州学，逢六日下县学，并亲自讲授儒学经典，刊印发行四书五经等。

79. 绍熙元年（1190），朱熹61岁时对镜作自画像，并题自警。

80. 朱熹在漳州整肃吏治、敦化民风，倡导圣人之学。绍熙

二年（1191）正月，朱熹的长子病逝。朱熹接到噩耗，十分悲痛，

写奏章请求辞职归乡。四月二十九日离开漳州。

81. 绍熙二年（1191）五月二十四日，朱熹回到建阳。次年在城外建"竹林精舍"，旋即扩建为"沧洲精舍"，这是他一生中创办的最后一所书院。

82. 朱熹为书院特撰对联，贴于大门左右："道迷前圣统，朋误远方来。"从此开始近十年的讲学著述生涯。

83. 绍熙三年（1192）十月二十三日，朱熹在沧洲精舍举行
开学仪式，大堂上设祭殿，孔子圣像及四配居中。仪式结束后，
众人请朱熹落中座，讲办学要领，在场弟子恭听。

84. 沧洲精舍具有藏书、奉祀、教学三大职能。朱子教学首
先授以"四书"。教学方式有多种结合：个别教学与升堂讲授结合，
质疑问难与释疑解惑结合，博览与精专结合，学术研究与日常教
学结合。

85．绍熙三年（1192），辛弃疾任福建路提点刑狱使，赴任时经过建阳，拜访朱熹。朱熹建议辛弃疾："临民以宽，待士以礼，以法治下，仁刑兼施，政教并化，宽严齐用。"

86. 绍熙四年（1193）八月，辛弃疾又一次到建阳拜访朱熹。
朱熹邀辛弃疾同游武夷九曲，辛弃疾作棹歌赠朱熹，朱熹为辛弃
疾手书"克己复礼""夙兴夜寐"二匾。

绍熙五年朱熹授任潭州（长沙）知州兼荆湖安抚使的任命！朱熹发带弟子一群状至考亭疾驰建入湖南境从速见饿孚遍地灾民如潮步静堂并

87. 绍熙四年（1193）十二月，朱熹被任命为荆湖南路安抚使知潭州，朱熹以病辞。次年二月，朝廷再次下诏催任。此时长沙农民起义不断，朱熹恐其蔓延，受命赴任，沿途见饿殍遍地，灾民如织。

88．朱熹到任后召部属商议，招安起义瑶民，围而不攻。凡下山归顺者既往不咎。同时，申请将辛弃疾创建的飞虎军归湖南安抚司节制，以壮大军威。

89. 起义的瑶民听说朱熹在南康、浙东颇多恤民之举,决定接受招安。朱熹以义相待,参加起义的瑶民全部赦免,遣散回家,瑶民起义平息。

90. 瑶民招安后，朱熹升堂问事。潭州指挥陆景任平庸无能，免职。发布《约束榜》整顿军纪，凡本路军士，严禁赌博，严禁欺压百姓。在整兵备的同时，清吏治、正学风也一起展开。

91. 岳麓书院年久失修已破败不堪，朱熹发布《潭州委教授措置岳麓书院牒》，修复扩建书院，把《四书章句集注》作为主要教材。岳麓书院重现盛况，云集者千余人，闻名遐迩。

朱熹定期
到書院
聽課講課。
朱熹思如泉湧
引經據典
學子們如飢似渴
每天都有數十
百名湧進齋室來聽

庚辰春杰
去鐘書于平陽
雪軒

92. 朱熹定期到书院听课讲课。学子们分坐八个斋室中，从签筒中抽出八根签子，每斋一人出来讲四书五经，之后由朱熹评点，并同后辈交流，经史子集、天文地理，无所不谈。

绍熙五年八月宁宗下诏除朱熹为焕章阁待制兼侍讲。朱熹解印赴京。

庚子暮春赵拾斌画并记

93. 不久，朝廷下诏任命朱熹为焕章阁待制兼侍讲，朱熹离开潭州赴京。

94. 朱熹到临安后，受宁宗接见。朱熹奏对时暗示宁宗不要宠信小人。

95. 绍熙五年（1194）十月十四日，朱熹受诏赴经筵讲《大学》。
朱熹劝宁宗要每时每刻反思自己的行为是否有害于修身，下旨请
臣下陈述朝廷的缺失，选择善言施行。

第二次进讲结束后，朱熹向皇上奏免受瑞庆节（皇帝的生日）贺表，宁宗欣然采纳。

庚子孟春 李仲生并记

96. 十八日是宁宗的生日，宁宗没休息，让朱熹继续讲。讲解结束后，君臣又一番亲密谈话。此时，朱熹请圣上免受瑞庆节贺表。宁宗第二天就下诏免去瑞庆节贺表。

97．二十三日，朱熹再次进见皇帝，进言："听说陛下要修葺旧日东宫，建屋三数百间，臣看建一二十间寝殿就可以了。"

98. 朱熹还劝皇帝禁止左右宠臣干预朝政。朱熹告辞后，宁

宗皱起了眉头。

99. 朱熹遭到监察御史等朝臣弹劾，其学说被称为"伪学"。

朱熹一朝黜出
經筵大門
内批便跟随出殿
朕悯卿耆艾
与此隆久。
恐難三講。
已除卿宮观，
可知意。
辞免胃煳不
急待地奏
中使王德谦
将内批进给
朱熹。

100. 韩侂胄向宁宗进言说朱熹老了，迂腐不可信，竟敢面
责皇上，胆大包天。宁宗令朱熹离朝归乡。

101. 朝中赵汝愚、刘光祖、陈傅良等大臣纷纷上奏劝谏，要求挽留朱熹，均无法挽回。其实朱熹之志并不在朝中，他是知道自己将回乡教学而把真言留给皇上，所以他是欣然返回建阳的。

102. 回乡的朱熹并没有不关心国家前途，他起草奏稿数万言，
揭露奸邪蒙骗君主误国，被蔡元定劝阻而焚烧。

庆元二年
韩诬申
指侯其党
右相京镗
丞□
谢[..]知枢
院事何澹出
罗织生事
云大罪状，
[..]里李垕
[..]死地。
庚[..]春
[..]绘[..]

103．庆元二年（1196），朝廷发生韩侂胄打击迫害朱熹的

政治事件，史称"庆元党禁"。

104．庆元三年（1197）朝中声讨"伪学"将罪名升级为"逆党"，并造《伪学逆党籍》名单，朱熹为伪学逆党魁首，列入者59人，举国震惊。本年科举凡稍涉"伪学"义理者全部黜落不取。建阳上空乌云密布，沧洲精舍人心惶惶。

105. 在恶劣的政治环境下，朱熹在沧洲精舍继续讲学，并
继续撰述其探索一生的思想文论。

105

庆元三年党禁高潮中，朱熹的心境情绪与屈原相近，于是把研究《楚辞》为作主要方向。《韩文考异》《楚辞集注》《楚辞辩证》《楚辞后语》《楚辞备考》等一系列著作就是在这个恶风淫雨的凶年完成的，促就朱熹晚年最后一个学术高峰。

庚子暑月李锦画并记

106. 朱熹的研究正进入《楚辞》中，《楚辞辩证》《楚辞后语》《楚辞备考》等一系列著作贯穿的爱国精神和屈原那种不屈不挠的思想追问，成就朱熹晚年最后一个学术高峰。

朱熹帅弟
子一百多人
在武夷潭州
码头为刚
蔡元定送别
这惊人的罪
名连饰善为妖
恶谥无缘
无悔代帅
受过。

107. 朝廷以"佐熹为妖"的罪名发配蔡元定去湖南道州。州县捕快前来逮捕，蔡元定来不及回家告辞就随捕快上路。朱熹惊闻，率弟子前去为蔡元定送行。

108. 当天，朱熹送蔡元定一路西行，二十里土路一步步印着两人毕生的友谊。黄昏途经马伏，朱熹要求押解在此歇息。当晚朱熹与蔡元定夜宿寒泉精舍，通宵交谈。

庆元四年八月九日蔡元定去世灵柩在后山
朱熹抱病写《祭蔡氏季通文》字字血泪
哀哀感人亲自到后山哭祭与灵柩
告别。庚午仲夏钟生画记

109. 蔡元定在湖南道州去世，时在庆元四年（1198）八月九日。
灵柩运回建阳，朱熹抱病写《祭蔡氏季通文》，字字血泪，哀哀感人，
又亲往哭祭。

110. 庆元五年（1199），朱熹病危，将自己未完成的著述
交给弟子们。

111. 朱熹病逝，以石棺收殓，时在庆元六年（1200）三月初九，享年七十一岁。十一月葬于建阳黄坑后塘大林谷。天下士子来参加葬礼者众，好友撰挽联祭奠。辛弃疾写："所不朽者垂万世名，孰谓公死凛凛犹生。"陆游写："某有捐百身起九原之心，有倾长河注东海之泪。路修齿耄神往形留，公殁不亡尚其来享。"杨万里写："呜呼，我未识公得之钦夫，云今杰魁舍公则无。"

112. 朱熹是伟大的哲学家、教育家，他集先贤智慧建构了
博大精深的理学思想体系。他一生著述甚丰。后学编纂的《朱熹
文集》《朱子语类》均超过百卷。他为官所到之处，修水利、立
社仓、舒民困、兴学校、树正气，播一路清风。

# 后 记

　　还未识李铮先生前，就看了他的许多画作，小品类，当时觉得李老师笔墨粗放之余，透着几分天然的灵气，几分不羁的傲气。

　　多年后，牧雨轩，教育局楼下，在那初识先生。先生白发萧疏却精神矍铄，游泳、骑车，独来独往，于我看来，他始终秉持着一位画师的独立思考的高贵品质。因为我常浪迹村镇，见过李老师的《考亭传道图》《建本流香图》。黄坑的朱子纪念园、麻沙的建本公园以文化墙的形式，将李老师的作品通过浮雕展现出来。巨幅的青石，气势恢宏，傲然而立。画中人物历历，车马辚辚，神情不同，气象各异……不是胸中有丘壑者绝不可为之。原来，李先生也创作巨制，以宏阔的视界与高远的视野挥洒笔墨。

　　牧雨轩的茶烟中，先生侃侃而谈。他说，岁月不居，时节如流，趁尚能执笔作画的时光，想通过连环画的形式将朱子的一生展现出来。先生说，能否送一本我写的《大儒世泽·朱子传》给他，以供参考之用。

因为此因缘，一些时日后，我到了先生的工作室。说是工作室，其实是卫校的宿舍吧，四楼或者五楼，整个单元房弥漫着宣纸与墨汁的味道，案台上堆积着大量的作品，墙壁上也是，充分利用。与一般的画师的堂皇而霸气的工作室比，李老师的工作室微弱得缺乏两三个人并立的空间，他也没取什么高雅的斋号。李先生画山水、花卉，题材广泛，然而，我所看重的，是他画的历史人物或历史场景，往往可以一窥旧时的风雅与烟火。《考亭传道图》所画就是四方文士齐聚考亭听朱子讲学的风雅盛事；《建本流香图》就是百家书堂刻书印书并水陆外运的市井人烟……尽管也有宋慈断案的小集子，然而，这些宏大的叙事仅仅限于单张画幅，或者少量的几张连续画作，如今先生要以百幅之作展现朱子的一生，在我看来，先生也正如朱子，在不断的精进已抵达"万紫千红总是春"的境界后，要有一次集大成。真是让人期待。

大约几个月后，先生电话我，说能否去看一下他的画作。不知先生是如何的辛苦，画作已基本完成。我们将画作搬到一楼的彩钢瓦的大棚里，一一排出。先生要我按照朱子的生平进行排序，毕竟，也许有重复，也许有缺漏，需要一些增删。

半载辛苦不寻常。

文化传播，正是需要像先生这类人，以其德其才其努力其作品，来弘扬。优秀传统文化才有个归处，才能将优秀传统文化安放到世俗者的内心，使懵懂者清醒、沉沦者精进、无知者敬畏……

中国向来有以画布道，以画救世，以画劝善，以画拯救人心的传统。唐代画圣吴道子画《丰都变》的图，告诫世人，不要随意杀生。此图一出，丰都的人累月不敢杀牲。苏东坡曾写诗说："我闻吴道子，初作丰都变。都人惧罪业，两月罢屠宰……"在儒学的文献里，有《孔子圣迹图》，以图文的形式表现孔子的一生。"虽不识字者，亦在在处处如见圣人，敬爱之心，有不油然而起者耶？"在图文并茂的文献里，《孔子圣迹图》作为一种教化而存在。同样，存世的还有《孟子全图》，从"孟母三迁""孟母断织"开始，展现了亚圣的一生。当时，在南平电视台的教育大讲坛，我讲"孔门十哲""周游列国的孟子"时，就用到了这些素材。

朱子作为理学的高峰人物，是三代以下的孔子，是古代传统中具有代表性的道德理想人物，可为世人树立一个良好的道德楷模，提供良好的教化作用，有补于世道人心。以朱子文化为高标的闽北，实在有必要制作图文并茂的《朱子行迹图》。当然，在文旅结合的今天，又可以使旅游者知道朱子一生的行走路线，为重走朱子之路提供一个良好的范本。

李先生做到了。

"东周出孔丘，南宋有朱熹；中国古文化，泰山与武夷"，朱子被康熙帝奉为"续千百年绝传之学""立亿万世一定之规"。朱子在闽北"琴书五十载"，留下遗存共计一百四十处之多，他一生为自己所建四所书院，三所在建阳，他在建阳著述、讲学、生活、长眠……他集大成于考亭，他所创立的考亭学派将中国文化推向一个高峰。

八百年后，我们回首，通过朱子的一生事迹，依然可以感受到他的人伦之道、为官之道、教育之道，他一生所体现出的道德教化完全可以转化为精神的约束和激励力量，朱子的事迹与思想对当下构建人们的精神家园有巨大的启示。

这些力量与启示，正可以通过李铮先生的百幅画作微妙地展示出来，以此，唤醒当下人们像朱子一样"修齐治平"的伟大爱国抱负。

因为正好了解先生的创作因缘，所以受先生之嘱，为即将出版的画作结集作一段文字。小子不才，因感叹先生之为人，感叹桑梓之地的老先生有如此的文化自觉，读者亦可通过这小段文字以知其人而阅其画而读其《朱子画传》，故不敢辞，乃叙其始末，以附骥尾。

祝　熹

2022 年 9 月